Φ EDITION · BILDSTEIN LEIPZIG-DRESDEN 2014

Der Misanthrop

Verse und Zeichnungen von Armin Gröpler

Φ EDITION · BILDSTEIN LEIPZIG-DRESDEN 2014

Bibliografische Information der Deutschen Nationalbibliothek: Die Deutsche Nationalbibliothek verzeichnet diese Publikation in der Deutschen Nationalbibliografie; detaillierte bibliografische Daten sind im Internet über http://dnb.dnb.de abrufbar.

Originalausgabe
Dezember 2014
EDITION BILDSTEIN
LEIPZIG-DRESDEN

Alle Rechte vorbehalten
© Armin Gröpler 2014
Einbandgestaltung:
Φ EDITION BILDSTEIN
Grafiken/Illustrationen:
Armin Gröpler
Gesetzt: Helvetica Neue/Adobe Garamond/Trebuchet
Herausgeber: Ingo Groepler-Roeser & Karol Kosmonaut
Φ EDITION BILDSTEIN
Herstellung und Verlag:
BoD – Books on Demand, Norderstedt
ISBN: 9783734730474

Prolog

Ein Misanthrop, das ist ein Geist,
der früh schon unsrer Welt entgleist.
Die Zeit ist massenmedial,
im europäischen Bürgersaal.
Die Leute fühlen sich belogen
und von der Politik betrogen.
Und weil heute jeder alles weiß,
läuft auch das Meiste aus dem Gleis.
Wo alle quatschen ohne Reim,
geht auch das Beste aus dem Leim.
Der Staat - denkt er - muss mit Kanonen
den Pöbel endlich mal entthronen,
die sogenannten Demokraten,
die sind ja allesamt missraten!

Der Misanthrop, der lebt alleine,

denn Freunde hat er leider keine.

Der Einzige, den er mal hatte,

liegt unter eines Grabes Platte.

Auf einem schlichten Marmorsockel

da thront er nun, der alte Gockel.

Wenn M. einmal die Hafer stechen,

geht er dort hin, mit ihm zu sprechen.

Der Misanthrop liegt mit Verdruss

auf einer Wiese, ab vom Schuss.

Und er entledigt sich der Schuhe,

legt sich schön flach zur Mittagsruhe.

Doch ist er plötzlich sehr verstört,

weil er die Gräser wachsen hört.

Und dieses schräge Gras-Konzert

bedrohlich an den Nerven zerrt.

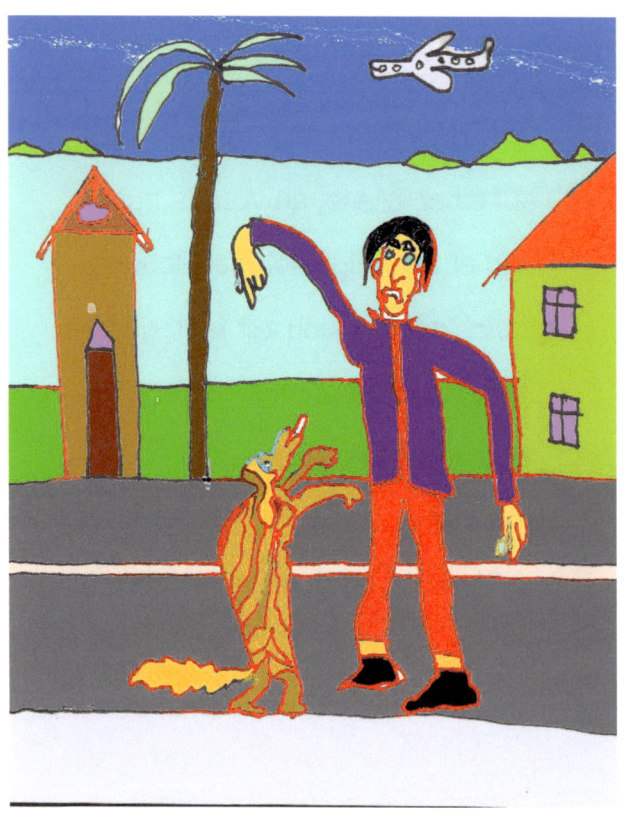

Der Misanthrop hat einen Dackel,

doch hasst er dessen Schwanzgewackel.

Jetzt will er täglich ihn traktieren

mit Anti-Wackel-Schwanzmanieren.

Doch dies Traktat ist dem zu bunt,

drum wackelt jetzt der Schwanz per

Hund.

Der Misanthrop hat ein Klavier
und darauf steht ein schales Bier.
Darüber braucht man nicht zu staunen,
denn auch ein Bier hat seine Launen!
Wenn man nur »Moll« spielt auf die Dauer,
wird jedes Bier im Glase sauer.

Der Misanthrop schimpft auf die Nacht,

weil keiner ihm das Licht anmacht.

Trotz, dass die doofen Sterne funkeln,

spielt sich sein Dasein ab im Dunkeln.

Und auf das trübe Morgengrauen

kann er am Ende auch nicht bauen.

Der Misanthrop hält jeden Braten,

der gut gelungen, für missraten.

Mal fehlt die Zwiebel, mal die Möhre,

dann wird es brenzlig in der Röhre.

Beim allerschönsten Küchenduft

erklärt er jeden Koch zum Schuft.

Jetzt isst er stur bei sich daheim

vegetativen Haferschleim.

Der Misanthrop will Macht nicht stählen,

deshalb geht er auch niemals wählen.

Denn »die da Oben« tun so schlau

und ziehn das Volk durch den Kakao.

Verdorben sind die, voller Laster,

verpulvern andrer Leute Zaster,

gebärden sich als Patrioten

und sind doch allesamt Idioten!

Der Misanthrop ist, geht's ihm gut,

sehr ärgerlich und auf der Hut.

Denn meistens geht es ihm sehr schlecht

und das ist ihm besonders recht!

Er nimmt, Behagen wegzukillen,

die bittersten der Magenpillen.

Und wenn die sich darinnen lösen,

dann frönt er wieder ganz dem Bösen.

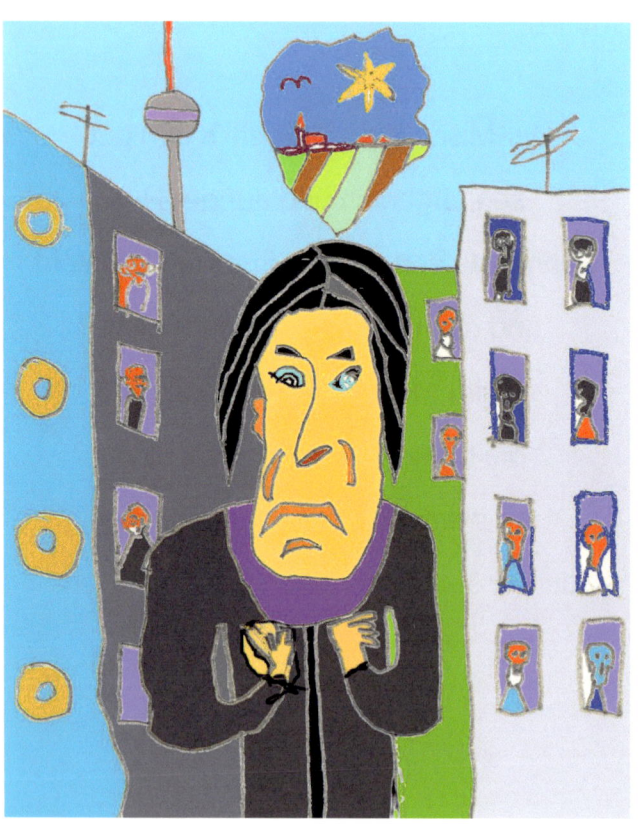

Der Misanthrop hat jene Stadt,
in der er wohnt, jetzt gründlich satt.
Die Architekten sind Sadisten
und bauen mörderische Kisten,
aus deren Fenster Leute gaffen,
die sehen alle aus wie Affen.
Die Stadt bringt nur Verdruss und Schande!
Man lebt am besten auf dem Lande!

Der Misanthrop vergrämt spazierte

durchs Dorf, wohin er emigrierte.

Im Dorf wohnt eine Künstlerin,

zu dieser zieht es ihn nun hin.

Sie malt nicht das Vulgäre-Nackte;

sie malt den Geist, kurz, das Abstrakte.

Darüber ist der Misanthrop

voll Anerkennung und voll Lob.

Dem Misanthrop ist stets entbehrlich,
was andren Menschen so begehrlich.
Schmückt einer mit viel Pomp den Sarg,
so weiß er: Meiner, der bleibt karg!
Am besten wäre eine triste,
ganz unbemalte Bretterkiste.
Die baut er auf Verderb und Biegen
und macht darinnen Probeliegen.

Der Misanthrop liest im Journal,
dass jetzt berühmt mit einem Mal
der Philosoph, sein toter Freund,
mit dem er rauchte manchen Joint.
Warum, denkt er, kommt denn der Ruhm
bei großen Geistern erst postum?
Wenn sie erst nach dem Tode reifen,
dann kann man auf Ideen pfeifen!

Der Misanthrop hält von Erotik

soviel, wie Ratten von der Gotik.

Die Malerin, von ihm gerührt,

die hätt' ihn gerne mal verführt;

sie wollte sündig mit ihm wildern,

doch er gafft nur nach ihren Bildern.

Da wurde sie der Sache müde

und überdies auch keusch und prüde.

Der Misanthrop der pflegt besonders,

Gefühle eines Hypochonders.

Wenn ihn einmal die Schläfe zwickt,

dann denkt er gleich, er ist verrückt.

Schon bei gelindem Magendrücken,

vermeint er sofort zu ersticken.

Und stäche ihn ein kleiner Floh,

dann stürbe er dran. Sowieso!

Der Misanthrop ist sehr verklemmt
und bei den Damen stark gehemmt.
Wenn Künstler saufen, singen, scherzen,
bereitet ihm das Leibesschmerzen.
Was ihn am meisten ärgert eben:
Die Lumpen bleiben länger leben,
und oftmals sind geniale Künstler
im Alter unerhörte Brünstler!

Der Misanthrop, er ist sich schlüssig:
die Sinne, die sind überflüssig!
Er hasst vor allem in der Küche
die widerlichen Kochgerüche,
und bei dem ganzen Kochgeschehen
vergeht ihm Hören, Denken, Sehen.
Und schon beginnt er, zu erwägen,
sich seine Nase abzusägen.

Der Misanthrop, mit wehem Beben,

betrachtet sein verflossnes Leben.

Es war ja nur ein Kehrichthaufen

und es gelang nicht, zu entlaufen.

Bei dieser schroffen Witterung

erfasst ihn die Verbitterung!

Und er versucht - das soll was heißen -

das Steuer einfach rumzureißen.

Der Misanthrop erwählt die Dichtung

für seiner Taten kühne Richtung.

Die Verseschmiede soll dem Leben

die schöpferische Wendung geben.

Er dichtet schön, er dichtet schaurig,

das Meiste aber ist so traurig.

Er dichtet rätselhaft romantisch,

die Form ist aber dilettantisch.

Der Misanthrop fühlt sich geadelt,

schon deshalb, weil ihn keiner tadelt.

Im Herzen eng, im Denken bieder

kniet er nun vor sich selber nieder.

Sein Biedersinn macht ihn verwegen:

Er will die Dichtung schnell verlegen!

Mit Reimen und Theaterstücken,

meint er die Menschheit zu beglücken.

Der Misanthrop der schwelgt im Glücke,

denn man verlegte seine Stücke.

Doch die Theaterintendanten

erweisen sich als Ignoranten.

Und schließlich landet der Salat

im deutschen Antiquariat.

Das schafft ihm Bitternis und Hohn

und eine schwere Depression.

Den Misanthrop verlässt der Wille,
denn auch die ländliche Idylle
samt Malerin, die hat er satt,
drum will er wieder in die Stadt.
Der Philosoph vererbte ja
ein Haus ihm und er wohnt nun da,
und wähnt sich unter seinesgleichen
mit Prominenten und mit Reichen.

Der Misanthrop ist sehr empört,

weil ihn die Nachbarschaft verstört.

Von links die »Opern-singe-kanne«

die bringt ihn furchtbar auf die Tanne.

Und rechts der Künstler mit kompakten

Blondinen, meistens splitternackten.

Um diesem Sumpfe zu entfliehn,

zieht er ins Zentrum von Berlin.

Der Misanthrop ist nicht mehr jung

und so wie früher noch in Schwung.

Er glaubt, das Alter zu besiegen,

genügt, das Datum um zu lügen.

Doch da ihm alle Knochen krachen,

vergeht ihm Hören, Seh'n und Lachen.

So mancher Greis wird altersmild,

der Misanthrop jedoch wird wild.

Der Misanthrop, der geht einmal

in ein Berliner Bierlokal.

Da kommt der Wirt an seinen Tisch,

fragt: »S'il vous plaît, was wünscht er sisch?«

Dabei ist er noch gut gelaunt,

was unsern Misanthrop erstaunt.

Und er verlässt die Kneipe fix,

sagt: »Bei Franzosen trink ich nix!«

Dem Misanthropen, dem wird bange:

Sein Leben währt ihm schon zu lange.

Drum greift er jetzt nach einem Strick,

sucht einen Baum zwei Meter dick,

wirft seine Leine übern Ast,

bis alles stimmt und richtig passt.

Wenn er jetzt spränge, wär' es gut …

doch lebt er weiter sonders Mut!

Epilog

Der Misanthrop, der ist im Kern

ein guter Kerl, ich hab ihn gern.

Sonst wäre ja auch nicht verblieben,

was ich mit Fleiß hier aufgeschrieben.